The Princess and the Magical Frog And Other Bilingual Norwegian-English Stories for Kids

Pomme Bilingual

Published by Pomme Bilingual, 2024.

THE PRINCESS AND THE MAGICAL FROG AND OTHER BILINGUAL NORWEGIAN-ENGLISH STORIES FOR KIDS

First edition. August 7, 2024.

Copyright © 2024 Pomme Bilingual.

ISBN: 979-8227278500

Written by Pomme Bilingual.

Table of Contents

Prinsessen og Den Magiske Frosken

Langt inne i Regnskogen, der regnbuer farget trærne og vinden hvisket hemmelige sanger, bodde en ung prinsesse ved navn Emilia. Hver dag utforsket hun de magiske skogstiene, fulgt av nysgjerrigheten sin. En morgen, mens solstrålene danset på bladene, hørte hun en myk kvakking som kom fra Drømmenes Elv.

Emilia fulgte lyden, og ved bredden av den glitrende elven, så hun en liten, grønn frosk som satt på en liljepute. "Hei, prinsesse," sa frosken med en stemme som var både vennlig og litt mystisk. "Jeg er Freddy, den magiske frosken."

Overrasket, men ikke redd, spurte Emilia: "Hva gjør du her, Freddy?"

Freddy smilte bredt. "Jeg venter på noen som er modig nok til å tro på magi. Denne elven er spesiell. Den er fylt med drømmer fra hele verden, og hvis du tror på det umulige, kan du oppfylle et ønske."

Emilia satte seg ved siden av Freddy og stirret på elvens klare vann som blinket som stjerner. "Hvordan virker det?" spurte hun.

"Alt du trenger å gjøre er å lukke øynene, puste dypt, og tenke på noe du virkelig ønsker. Deretter kaster du en liten stein i elven," forklarte Freddy.

Emilia plukket opp en liten, glitrende stein fra elvebredden. Hun lukket øynene, pustet dypt inn, og ønsket av hele sitt hjerte at hun kunne forstå dyrenes språk, slik at hun kunne bli venner med alle skapningene i skogen.

Hun kastet steinen i elven, og vannet begynte å gløde med en regnbue av farger. "Nå," sa Freddy, "åpne øynene dine og hør godt etter."

Til Emilias store forundring begynte trærne å hviske hemmeligheter, fuglene kvitret historier, og dyrene snakket til henne som gamle venner. Hun lo av glede og takket Freddy.

"Du har et godt hjerte, Emilia," sa Freddy. "Bruk denne gaven klokt, og husk alltid at det største magi ligger i å tro på seg selv og verden rundt deg."

Hver dag etter det besøkte Emilia Drømmenes Elv og snakket med sine nye venner. Hun lærte om deres liv, deres drømmer, og hjalp dem når de trengte det. Skogen blomstret, fylt med glede og harmoni, takket være Emilias vennlighet og magi.

The Princess and the Magical Frog

Deep in the Rainbow Forest, where rainbows colored the trees and the wind whispered secret songs, lived a young princess named Emilia. Every day she explored the magical forest paths, guided by her curiosity. One morning, as sunbeams danced on the leaves, she heard a soft croaking coming from the River of Dreams.

Emilia followed the sound, and on the bank of the sparkling river, she saw a small, green frog sitting on a lily pad. "Hello, princess," said the frog in a voice that was both friendly and slightly mysterious. "I am Freddy, the magical frog."

Surprised but not afraid, Emilia asked, "What are you doing here, Freddy?"

Freddy smiled widely. "I am waiting for someone brave enough to believe in magic. This river is special. It is filled with dreams from all over the world, and if you believe in the impossible, you can make a wish come true."

Emilia sat down beside Freddy and stared at the river's clear water that shimmered like stars. "How does it work?" she asked.

"All you need to do is close your eyes, take a deep breath, and think of something you truly wish for. Then you toss a small stone into the river," explained Freddy.

Emilia picked up a small, glittering stone from the riverbank. She closed her eyes, took a deep breath, and wished with all her heart that she could understand the language of animals so that she could be friends with all the creatures in the forest.

She tossed the stone into the river, and the water began to glow with a rainbow of colors. "Now," said Freddy, "open your eyes and listen carefully."

To Emilia's great amazement, the trees began to whisper secrets, the birds chirped stories, and the animals spoke to her like old friends. She laughed with joy and thanked Freddy.

"You have a good heart, Emilia," said Freddy. "Use this gift wisely, and always remember that the greatest magic lies in believing in yourself and the world around you."

Every day after that, Emilia visited the River of Dreams and talked with her new friends. She learned about their lives, their dreams, and helped them when they needed it. The forest flourished, filled with joy and harmony, thanks to Emilia's kindness and magic.

Sommerfuglenes Dans

Langt bortenfor fjellene, der sola alltid skinte og blomster sprang ut i alle regnbuens farger, lå Håpets Hage. Denne hagen var ikke som andre hager; den var fylt med magi. Trærne hvisket hemmeligheter til vinden, og bekken som sildret gjennom midten, spilte en melodi som fikk hjertene til å synge.

En liten jente ved navn Ella bodde i en landsby nær Håpets Hage. Hver dag drømte hun om å utforske den magiske hagen, men hun hadde alltid vært for redd til å gå dit alene. En dag, bestemte Ella seg for å samle alt sitt mot og la drømmene sine føre henne til Håpets Hage.

Ella gikk inn i hagen med store øyne og et hjerte fylt av spenning. Hun fulgte den sildrende bekken som glitret som diamanter i sollyset. Mens hun gikk, la hun merke til en vakker sommerfugl som fløy ved siden av henne. Sommerfuglen hadde vinger som glitret i blått og gull, og den danset rundt Ella som om den ønsket å vise henne veien.

"Hei, lille venn," sa Ella forsiktig. "Hvor skal du?"

Sommerfuglen svevde ned og landet på en blomst ved Ellas føtter. "Jeg er Luna, og jeg er her for å vise deg hagens hemmeligheter," sa den med en stemme som var like myk som en hvisken.

Ella smilte bredt. "Hva slags hemmeligheter finnes her?"

Luna løftet vingene og fløy videre, med Ella tett etter. De kom til en lysning hvor trærne bøyde seg for å skape en vakker bue. Under buen var det en sirkel av blomster som glødet i alle regnbuens farger.

"Hver blomst i denne sirkelen representerer et håp, en drøm," forklarte Luna. "Hvis du plukker en blomst og ønsker noe av hele ditt hjerte, kan det gå i oppfyllelse."

Ella bøyde seg ned og plukket en liten, rosa blomst. Hun lukket øynene og ønsket seg noe hun hadde drømt om lenge: å kunne fly, slik at hun kunne sveve over landsbyen og se verden fra fuglenes perspektiv.

Da hun åpnet øynene, begynte blomsten å gløde sterkt. Plutselig kjente hun en letthet i kroppen, og før hun visste ordet av det, svevde hun opp fra bakken. Ella lo av glede mens hun fløy rundt i hagen, og Luna fløy ved siden av henne, gledelig over å ha hjulpet sin nye venn.

Mens Ella fløy høyere, så hun hele Håpets Hage spredt ut under seg som et levende maleri. Hun kunne se trærne hviske, bekken som sildret, og blomster som danset i vinden. Hun følte en dyp forbindelse med alt rundt seg, som om hun var en del av en større historie.

Etter en stund landet Ella forsiktig ved siden av Luna. "Takk, Luna," sa hun med tårer av glede i øynene. "Dette var den mest fantastiske opplevelsen i mitt liv."

Luna smilte og sa, "Husk alltid, Ella, at magien i Håpets Hage er en del av deg nå. Hver gang du føler deg trist eller redd, bare husk denne dagen og la hjertet ditt fly."

Ella vendte tilbake til landsbyen sin med et hjerte fylt av magi og håp. Hun visste at hun alltid ville ha Håpets Hage med seg, og hun lovet å dele dens magi med alle hun møtte. Hver gang noen i landsbyen følte seg nede, fortalte Ella dem om hagen og lærte dem å finne sin egen indre magi.

The Dance of the Butterflies

F ar beyond the mountains, where the sun always shone and flowers bloomed in all the colors of the rainbow, lay the Garden of Hope. This garden was unlike any other; it was filled with magic. The trees whispered secrets to the wind, and the brook that trickled through the center played a melody that made hearts sing.

A little girl named Ella lived in a village near the Garden of Hope. Every day she dreamed of exploring the magical garden, but she had always been too afraid to go there alone. One day, Ella decided to gather all her courage and let her dreams lead her to the Garden of Hope.

Ella entered the garden with wide eyes and a heart full of excitement. She followed the trickling brook that sparkled like diamonds in the sunlight. As she walked, she noticed a beautiful butterfly flying beside her. The butterfly had wings that shimmered in blue and gold, and it danced around Ella as if it wanted to show her the way.

"Hello, little friend," Ella said softly. "Where are you going?"

The butterfly hovered down and landed on a flower at Ella's feet. "I am Luna, and I am here to show you the garden's secrets," it said in a voice as gentle as a whisper.

Ella smiled broadly. "What kind of secrets are here?"

Luna lifted its wings and flew on, with Ella close behind. They came to a clearing where the trees bent to create a beautiful arch. Under the arch was a circle of flowers glowing in all the colors of the rainbow.

"Each flower in this circle represents a hope, a dream," Luna explained. "If you pick a flower and wish with all your heart, it can come true."

Ella bent down and picked a small, pink flower. She closed her eyes and wished for something she had dreamed of for a long time: to be able to fly, so she could soar over the village and see the world from the birds' perspective.

When she opened her eyes, the flower began to glow brightly. Suddenly, she felt a lightness in her body, and before she knew it, she was rising off the ground. Ella laughed with joy as she flew around the garden, and Luna flew beside her, delighted to have helped her new friend.

As Ella flew higher, she saw the entire Garden of Hope spread out below her like a living painting. She could see the trees whispering, the brook trickling, and the flowers dancing in the wind. She felt a deep connection with everything around her, as if she were part of a larger story.

After a while, Ella landed gently beside Luna. "Thank you, Luna," she said with tears of joy in her eyes. "This was the most wonderful experience of my life."

Luna smiled and said, "Always remember, Ella, that the magic of the Garden of Hope is now a part of you. Whenever you feel sad or afraid, just remember this day and let your heart fly."

Ella returned to her village with a heart full of magic and hope. She knew she would always carry the Garden of Hope with her, and she promised to share its magic with everyone she met. Whenever someone in the village felt down, Ella would tell them about the garden and teach them to find their own inner magic.

Stjerneplukkeren

I et land langt borte, der natten var opplyst av tusenvis av stjerner og månens skinn glitret over fjellene, lå en liten dal kjent som Måneskinnsdalen. Her bodde en ung gutt ved navn Leo. Han var kjent som den mest nysgjerrige og eventyrlystne gutten i hele dalen. Hver kveld satt Leo ved vinduet sitt og stirret opp på himmelen, drømmende om å nå stjernene.

En kveld mens han satt og kikket ut, la Leo merke til noe uvanlig. En stjerne falt fra himmelen og landet et sted i skogen som omringet dalen. Med hjertet fullt av spenning og undring, bestemte Leo seg for å finne stjernen.

Leo tok på seg kåpen, grep lommelykten sin og snek seg ut av huset. Skogen var mørk, men måneskinnet guidet ham mens han gikk. Plutselig så han et svakt lys som kom fra en lysning. Han fulgte lyset og der, midt i lysningen, lå en stjerne, skimrende og vakker.

"Hei der, lille stjerne," sa Leo forsiktig. "Hva gjør du her nede på jorden?"

Stjernen blinket svakt, nesten som om den prøvde å kommunisere. Leo satte seg ned ved siden av stjernen og kjente en varm følelse av magi rundt seg.

"Jeg er Stella," sa stjernen med en stemme som var myk og melodisk. "Jeg falt fra himmelen fordi jeg mistet lyset mitt. Jeg trenger noen til å hjelpe meg å finne veien tilbake."

Leo kjente en bølge av besluttsomhet. "Jeg vil hjelpe deg, Stella," sa han. "Men hvordan kan jeg hjelpe deg med å finne lyset ditt?"

Stella blinket igjen, og en vei av stjernestøv dukket opp foran dem. "Følg denne veien," sa hun. "Den vil lede oss til Lysets Kilde."

Leo og Stella begynte på reisen sammen. Veien av stjernestøv førte dem gjennom magiske landskap, over glitrende bekker og forbi trær som hvisket hemmeligheter. Underveis møtte de mange fantastiske skapninger, som alle ønsket dem lykke til på reisen.

Etter en lang reise kom de til en stor innsjø som glitret som flytende sølv. I midten av innsjøen sto et majestetisk tre, og fra treet strålte et lys som var blendende og vakkert.

"Dette er Lysets Kilde," sa Stella. "Vi må finne en måte å få en bit av lyset til meg."

Leo tenkte hardt og kom på en idé. Han samlet noen av de vakre krystallene som lå rundt innsjøen og formet dem til en liten beholder. Deretter brukte han en pinne for å nå lyset og fylte beholderen med det.

Med beholderen full av lys, gikk Leo tilbake til Stella. Da han holdt beholderen opp mot henne, begynte lyset å strømme inn i stjernen, og hun glødet sterkere og sterkere. Til slutt strålte Stella like sterkt som hun hadde gjort på himmelen.

"Tusen takk, Leo," sa Stella med en stemme fylt av takknemlighet. "Nå kan jeg finne veien tilbake til himmelen."

Leo smilte bredt. "Jeg er glad jeg kunne hjelpe deg, Stella. Jeg vil aldri glemme denne reisen."

Stella løftet seg sakte opp fra bakken og begynte å stige mot himmelen. "Husk alltid, Leo," sa hun. "At i hjertet ditt finnes det stjerner som venter på å skinne. Bare tro på deg selv, og du kan oppnå alt du drømmer om."

Leo så på mens Stella steg høyere og høyere, til hun til slutt var tilbake blant stjernene. Han følte en dyp ro og glede i hjertet sitt, vel vitende om at han hadde hjulpet en venn.

Da Leo vendte tilbake til huset sitt, visste han at livet aldri ville bli det samme. Han hadde oppdaget en magi i verden som han aldri før hadde kjent, og han visste at han alltid ville bære med seg denne følelsen av undring og håp.

Fra den dagen av, hver gang Leo så opp på stjernene, følte han en nærhet til dem. Han visste at de var venner som voktet over ham, og at han alltid hadde en del av deres lys i sitt eget hjerte.

The Star Catcher

In a land far away, where the night was lit by thousands of stars and the moon's glow shimmered over the mountains, there lay a small valley known as Moonlight Valley. Here lived a young boy named Leo. He was known as the most curious and adventurous boy in the entire valley. Every evening, Leo sat by his window and gazed up at the sky, dreaming of reaching the stars.

One evening, as he sat and watched, Leo noticed something unusual. A star fell from the sky and landed somewhere in the forest surrounding the valley. With a heart full of excitement and wonder, Leo decided to find the star.

Leo put on his coat, grabbed his flashlight, and snuck out of the house. The forest was dark, but the moonlight guided him as he walked. Suddenly, he saw a faint light coming from a clearing. He followed the light, and there, in the middle of the clearing, lay a star, shimmering and beautiful.

"Hello there, little star," Leo said gently. "What are you doing down here on Earth?"

The star twinkled faintly, almost as if it were trying to communicate. Leo sat down beside the star and felt a warm sense of magic around him.

"I am Stella," said the star in a voice that was soft and melodic. "I fell from the sky because I lost my light. I need someone to help me find my way back."

Leo felt a wave of determination. "I will help you, Stella," he said. "But how can I help you find your light?"

Stella twinkled again, and a path of stardust appeared before them. "Follow this path," she said. "It will lead us to the Source of Light."

Leo and Stella began their journey together. The path of stardust led them through magical landscapes, over sparkling streams, and past trees that whispered secrets. Along the way, they met many fantastic creatures, all wishing them luck on their journey.

After a long journey, they arrived at a large lake that glittered like liquid silver. In the middle of the lake stood a majestic tree, and from the tree shone a light that was dazzling and beautiful.

"This is the Source of Light," said Stella. "We need to find a way to get a piece of the light to me."

Leo thought hard and came up with an idea. He gathered some of the beautiful crystals that lay around the lake and shaped them into a small container. Then he used a stick to reach the light and filled the container with it.

With the container full of light, Leo returned to Stella. As he held the container up to her, the light began to flow into the star, and she glowed brighter and brighter. Finally, Stella shone as brightly as she had in the sky.

"Thank you so much, Leo," said Stella, her voice filled with gratitude. "Now I can find my way back to the sky."

Leo smiled broadly. "I'm glad I could help you, Stella. I will never forget this journey."

Stella slowly lifted off the ground and began to rise towards the sky. "Always remember, Leo," she said. "That in your heart, there are stars waiting to shine. Just believe in yourself, and you can achieve anything you dream of."

Leo watched as Stella rose higher and higher, until she was finally back among the stars. He felt a deep peace and joy in his heart, knowing that he had helped a friend.

As Leo returned to his house, he knew that life would never be the same. He had discovered a magic in the world that he had never known before, and he knew that he would always carry this feeling of wonder and hope with him.

From that day on, every time Leo looked up at the stars, he felt a closeness to them. He knew they were friends watching over him, and that he always had a part of their light in his own heart.

Den Magiske Lyktens Lys

I en liten landsby ved kanten av en stor og mystisk skog, bodde en jente ved navn Elin. Hun var kjent for sin nysgjerrighet og sitt store hjerte. Elin elsket å høre på de gamle historiene som de eldre i landsbyen fortalte. De handlet ofte om magiske skapninger og fantastiske eventyr som skjulte seg i skogen.

En kveld, mens Elin satt ved peisen med bestefaren sin, fortalte han henne om den magiske lykten som visstnok skulle finnes dypt inne i skogen. "Det sies at lykten kan oppfylle ethvert ønske," sa bestefaren med en drømmende tone. "Men den som ønsker må ha et rent og ekte hjerte."

Elin ble fascinert og bestemte seg for at hun en dag skulle finne den magiske lykten. Hun drømte om alle de vidunderlige tingene hun kunne ønske seg – men mest av alt drømte hun om å hjelpe landsbyen sin, som ofte slet med lange, harde vintre.

Neste morgen, pakket Elin en liten sekk med mat og en flaske vann. Hun tok farvel med foreldrene sine og la i vei mot skogen. Skogen var tett og mørk, men Elin følte seg ikke redd. Hun visste at hun hadde et godt hjerte og at hun måtte finne lykten.

Elin gikk i flere timer, og skogen syntes å bli mer mystisk og magisk for hvert skritt. Til slutt kom hun til en lysning hvor sollyset brøt gjennom trærne og skapte et vakkert mønster på bakken. I midten av lysningen sto en gammel eik, og ved foten av treet fant Elin noe utrolig – den magiske lykten.

Lykten glødet svakt, som om den ventet på henne. Elin løftet den forsiktig opp og merket at den begynte å lyse sterkere. "Hva ønsker du, kjære Elin?" hvisket en mild stemme fra lykten.

Elin tenkte på landsbyen sin og på de harde vinterne. "Jeg ønsker at landsbyen min aldri skal lide under de harde vinterne igjen," sa hun bestemt.

Lykten lyste opp, og en varm følelse fylte Elin. Plutselig var hun tilbake ved landsbyen sin, og alt så ut til å være det samme – men hun følte seg annerledes. Hun følte at noe magisk hadde skjedd.

Den vinteren kom ingen harde stormer. Snøen falt lett og jevnt, og jorda var fruktbar og klar til våren. Landsbyboerne forundret seg over den milde vinteren, og Elin visste at hennes ønske hadde gått i oppfyllelse.

The Light of the Magic Lantern

In a small village on the edge of a great and mysterious forest, lived a girl named Elin. She was known for her curiosity and her big heart. Elin loved listening to the old stories the elders in the village told. They often spoke of magical creatures and fantastic adventures hidden in the forest.

One evening, while Elin was sitting by the fireplace with her grandfather, he told her about the magic lantern that was said to be deep in the forest. "It is said that the lantern can grant any wish," said her grandfather dreamily. "But the one who wishes must have a pure and true heart."

Elin was fascinated and decided that one day she would find the magic lantern. She dreamed of all the wonderful things she could wish for – but most of all, she dreamed of helping her village, which often struggled with long, harsh winters.

The next morning, Elin packed a small bag with food and a bottle of water. She said goodbye to her parents and set off toward the forest. The forest was dense and dark, but Elin did not feel afraid. She knew she had a good heart and that she had to find the lantern.

Elin walked for hours, and the forest seemed to grow more mystical and magical with every step. Finally, she came to a clearing where sunlight broke through the trees, creating a beautiful pattern on the ground. In the center of the clearing stood an old oak tree, and at the base of the tree, Elin found something incredible – the magic lantern.

The lantern glowed faintly, as if it had been waiting for her. Elin lifted it carefully, and it began to shine brighter. "What do you wish for, dear Elin?" whispered a gentle voice from the lantern.

Elin thought about her village and the harsh winters. "I wish that my village will never suffer from harsh winters again," she said firmly.

The lantern lit up, and a warm feeling filled Elin. Suddenly, she was back at her village, and everything looked the same – but she felt different. She felt that something magical had happened.

That winter, there were no harsh storms. The snow fell lightly and evenly, and the ground was fertile and ready for spring. The villagers marveled at the mild winter, and Elin knew her wish had come true.

Magiske Reise

I en liten kystby omgitt av blått hav og hvite sandstrender, bodde en jente ved navn Lina. Hun elsket havet mer enn noe annet. Hver dag etter skolen, løp hun ned til stranden for å samle skjell, bygge sandslott, og drømme om de eventyrene som ventet under de bølgende bølgene.

Linas bestefar, en tidligere sjømann, pleide å fortelle henne historier om hans reiser på havet. Han snakket om undervannsbyer, magiske skapninger og skjulte skatter. Lina lyttet med store øyne og et hjerte fullt av lengsel. Hun ønsket å utforske disse fantastiske verdenene selv.

En solrik ettermiddag mens Lina lekte på stranden, så hun noe blinke i sanden. Hun gravde forsiktig og fant en liten glassflaske med en beskjed inni. Hun rullet opp papiret og leste: "For den som søker eventyr, følg havets sang."

Lina bestemte seg for å finne ut hva dette betydde. Neste morgen, med en ryggsekk full av nødvendigheter og hjertet bankende av spenning, gikk hun til stranden før soloppgang. Hun satte seg ned ved vannkanten og lyttet nøye. Snart hørte hun en myk, melodisk sang som kom fra dypet av havet.

"Dette må være havets sang," hvisket Lina til seg selv. Hun fulgte lyden, og til sin overraskelse så hun en delfin dukke opp fra vannet. Delfinen så på henne med vennlige øyne og nikket som for å invitere henne med.

Uten å nøle, grep Lina tak i delfinens ryggfinne, og de svømte utover havet. Vannet var varmt og klart, og Lina kunne se korallrev og fargerike fisker svømme rundt henne. Hun følte seg som en del av en magisk verden hun bare hadde drømt om.

De svømte dypere, og snart oppdaget hun en undervannsby laget av perler og koraller. Små havfruer svømte rundt og vinket til henne, og Lina vinket tilbake med et bredt smil. Delfinen førte henne til en stor undervannsgrotte der en gammel, vis blekksprut ventet.

"Velkommen, Lina," sa blekkspruten med en dyp, beroligende stemme. "Jeg er Okeanos, beskytteren av havet. Jeg har ventet på deg."

Lina var forbløffet. "Hvordan visste du navnet mitt?" spurte hun.

"Havet kjenner alle som elsker det," svarte Okeanos med et smil. "Du har et rent og modig hjerte, og derfor har du blitt valgt til å hjelpe oss."

Lina nikket, klar for å hjelpe. "Hva kan jeg gjøre?"

Okeanos forklarte at en mørk skygge truet havets fred. En gigantisk krabbe, Rascal, hadde stjålet havets lys, en magisk perle som ga liv til alt i havet. Uten lyset, ville havet bli kaldt og mørkt, og alle dets skapninger ville lide.

Lina følte en sterk besluttsomhet. "Jeg vil finne perlen og bringe lyset tilbake."

Med Okeanos' veiledning og delfinen som hennes følgesvenn, satte Lina ut på sin reise. De svømte gjennom undervannsskoger av tang og forbi gamle skipsvrak, alltid på vakt mot Rascal. Etter mange utfordringer og møter med vennlige havskapninger som hjalp dem, fant de endelig Rascals hule.

Hulen var mørk og skummel, men Lina lot seg ikke skremme. Hun snek seg forsiktig inn og så den gigantiske krabben sove med perlen trygt plassert i klørne. Med delfinens hjelp, klarte hun å ta perlen uten å vekke Rascal.

Med perlen i hånden, svømte de raskt tilbake til undervannsbyen. Okeanos ventet på dem ved inngangen. "Du har gjort det, Lina," sa han stolt. "Du har reddet havet."

Lina plasserte perlen tilbake i sin rette plass, og et blendende lys fylte havet. Alt våknet til liv igjen, og havskapningene jublet av glede.

Lina følte en dyp glede og tilfredshet. "Takk for at dere lot meg være en del av dette," sa hun til Okeanos og delfinen.

Okeanos smilte. "Du vil alltid være en venn av havet, Lina. Husk, eventyrene slutter aldri for de som har mot til å følge sine drømmer."

Lina vendte tilbake til land, men hun visste at hun alltid ville bære med seg en del av havets magi. Hver gang hun hørte bølgene hviske, husket hun sitt eventyr og visste at havet alltid ville være der for henne.

Magical Journey

In a small coastal town surrounded by blue sea and white sandy beaches, lived a girl named Lina. She loved the sea more than anything else. Every day after school, she would run down to the beach to collect shells, build sandcastles, and dream about the adventures that awaited under the rolling waves.

Lina's grandfather, a former sailor, used to tell her stories about his voyages on the sea. He spoke of underwater cities, magical creatures, and hidden treasures. Lina listened with wide eyes and a heart full of longing. She wanted to explore these fantastic worlds herself.

One sunny afternoon while Lina was playing on the beach, she saw something glinting in the sand. She carefully dug it out and found a small glass bottle with a message inside. She unrolled the paper and read: "For those who seek adventure, follow the sea's song."

Lina decided to find out what this meant. The next morning, with a backpack full of essentials and a heart pounding with excitement, she went to the beach before sunrise. She sat by the water's edge and listened carefully. Soon, she heard a soft, melodic song coming from the depths of the sea.

"This must be the sea's song," Lina whispered to herself. She followed the sound, and to her surprise, she saw a dolphin emerge from the water. The dolphin looked at her with friendly eyes and nodded as if inviting her along.

Without hesitation, Lina grabbed hold of the dolphin's dorsal fin, and they swam out to sea. The water was warm and clear, and Lina could see coral reefs and colorful fish swimming around her. She felt like a part of a magical world she had only dreamed of.

They swam deeper, and soon she discovered an underwater city made of pearls and corals. Small mermaids swam around and waved to her, and Lina waved back with a broad smile. The dolphin led her to a large underwater cave where an old, wise octopus awaited.

"Welcome, Lina," said the octopus in a deep, soothing voice. "I am Okeanos, the protector of the sea. I have been waiting for you."

Lina was amazed. "How did you know my name?" she asked.

"The sea knows all who love it," Okeanos replied with a smile. "You have a pure and brave heart, and that is why you have been chosen to help us."

Lina nodded, ready to help. "What can I do?"

Okeanos explained that a dark shadow threatened the sea's peace. A giant crab, Rascal, had stolen the sea's light, a magical pearl that gave life to everything in the sea. Without the light, the sea would become cold and dark, and all its creatures would suffer.

Lina felt a strong determination. "I will find the pearl and bring the light back."

With Okeanos' guidance and the dolphin as her companion, Lina set out on her journey. They swam through underwater forests of seaweed and past ancient shipwrecks, always on the lookout for Rascal. After many challenges and encounters with friendly sea creatures who helped them, they finally found Rascal's cave.

The cave was dark and eerie, but Lina was not afraid. She carefully sneaked in and saw the giant crab sleeping with the pearl securely held in its claws. With the dolphin's help, she managed to take the pearl without waking Rascal.

With the pearl in hand, they quickly swam back to the underwater city. Okeanos was waiting for them at the entrance. "You have done it, Lina," he said proudly. "You have saved the sea."

Lina placed the pearl back in its rightful place, and a dazzling light filled the sea. Everything came to life again, and the sea creatures rejoiced with joy.

Lina felt a deep joy and satisfaction. "Thank you for letting me be a part of this," she said to Okeanos and the dolphin.

Okeanos smiled. "You will always be a friend of the sea, Lina. Remember, the adventures never end for those who have the courage to follow their dreams."

Lina returned to the shore, but she knew she would always carry a part of the sea's magic with her. Every time she heard the waves whisper, she remembered her adventure and knew that the sea would always be there for her.

Melodien som Forandret Alt

I en liten landsby ved foten av et stort fjell, bodde en gutt ved navn Jonas. Han elsket musikk og brukte all sin fritid på å spille gitaren sin. Jonas bodde sammen med sin bestemor, som alltid sa at musikk hadde en spesiell kraft – den kunne helbrede hjerter og bringe mennesker sammen.

En kveld mens Jonas satt på verandaen og spilte gitaren sin, hørte han en merkelig, men vakker melodi komme fra skogen. Han la gitaren ned og lyttet nøye. Melodien var så magisk og fortryllende at han følte seg trukket mot den.

Bestemoren hans kom ut og så den undrende uttrykket i ansiktet hans. "Det er Melodien," sa hun med et mildt smil. "Det sies at den som finner opphavet til Melodien, vil oppdage en stor hemmelighet."

Jonas bestemte seg for å finne ut hvor melodien kom fra. Neste morgen pakket han en liten sekk med mat, vann og gitaren sin. Han sa farvel til bestemoren sin og la i vei mot skogen. Skogen var mørk og tett, men Jonas følte seg ikke redd. Han fulgte lyden av melodien, som virket å bli sterkere for hvert skritt han tok.

Etter å ha gått i flere timer, kom han til en lysning hvor sollyset brøt gjennom trærne og skapte et vakkert mønster på bakken. I midten av lysningen sto et gammelt tre med en hul stamme. Melodien kom fra treet.

Jonas nærmet seg treet forsiktig. Plutselig hørte han en myk stemme som sa: "Velkommen, Jonas."

Han skvatt litt, men svarte: "Hvem er du?"

"Jeg er Musikkens Ånd," svarte stemmen. "Jeg har ventet på deg. Kun de med et rent hjerte kan høre min melodi."

Jonas følte en blanding av spenning og ærefrykt. "Hva ønsker du fra meg?"

"Spill for meg, Jonas," sa Ånden. "Spill den vakreste melodien du kjenner."

Jonas tok frem gitaren sin og begynte å spille. Han spilte fra hjertet, og lyden fylte lysningen med en varme og skjønnhet han aldri hadde opplevd før. Plutselig begynte treet å lyse, og fra dets stamme kom en strålende lysstråle som løftet Jonas opp.

Han fant seg selv i en verden av lys og musikk. Rundt ham fløy små, lysende vesener som danset til hans melodi. En av dem, som så ut som en liten fe, fløy nærmere og sa: "Du har funnet Melodiens Hemmelighet. Musikken din har kraften til å forandre verden."

Jonas var forbløffet. "Hvordan kan jeg bruke denne kraften?"

"Del din musikk," sa feen. "Spill for de som trenger håp, glede og kjærlighet. Musikken vil lede deg."

Med et blunk var Jonas tilbake i lysningen, men han følte seg forandret. Han visste at han hadde fått en gave – en gave som kunne bringe lys til verden. Han gikk tilbake til landsbyen og begynte å spille for folk hver dag.

Folk samlet seg rundt ham, og musikken hans fylte deres hjerter med glede. Han spilte for de syke, de triste og de ensomme, og hver gang han spilte, følte folk seg bedre. Ryktene om Jonas' magiske musikk spredte seg, og folk fra fjern og nær kom for å høre ham spille.

En dag kom en gammel mann til landsbyen. Han hadde hørt om Jonas og ønsket å høre musikken hans. Mannen hadde vært syk i mange år og hadde mistet håpet. Jonas spilte en rolig og beroligende melodi, og mannen følte en varme spre seg gjennom kroppen hans. Til sin overraskelse begynte han å føle seg sterkere, og sykdommen hans begynte å forsvinne.

"Du har en gave, Jonas," sa mannen med tårer i øynene. "Takk for at du delte den med meg."

Jonas smilte. "Musikken er ment å deles. Den har kraften til å helbrede og bringe mennesker sammen."

Men Jonas visste alltid at den virkelige kraften i musikken ikke lå i hans hender, men i hjertene til de som lyttet. Han spilte fra sitt eget hjerte, og i hvert hjerteslag lå en liten del av Melodien som hadde forandret alt.

The Melody that Changed Everything

In a small village at the foot of a large mountain, lived a boy named Jonas. He loved music and spent all his free time playing his guitar. Jonas lived with his grandmother, who always said that music had a special power – it could heal hearts and bring people together.

One evening while Jonas was sitting on the porch playing his guitar, he heard a strange but beautiful melody coming from the forest. He put down his guitar and listened carefully. The melody was so magical and enchanting that he felt drawn towards it.

His grandmother came out and saw the wondering expression on his face. "That is the Melody," she said with a gentle smile. "It is said that whoever finds the source of the Melody will discover a great secret."

Jonas decided to find out where the melody was coming from. The next morning, he packed a small bag with food, water, and his guitar. He said goodbye to his grandmother and set off towards the forest. The forest was dark and dense, but Jonas did not feel afraid. He followed the sound of the melody, which seemed to grow stronger with every step he took.

After walking for several hours, he came to a clearing where sunlight broke through the trees, creating a beautiful pattern on the ground. In the middle of the clearing stood an old tree with a hollow trunk. The melody was coming from the tree.

Jonas approached the tree cautiously. Suddenly he heard a soft voice saying, "Welcome, Jonas."

He started a little but replied, "Who are you?"

"I am the Spirit of Music," answered the voice. "I have been waiting for you. Only those with a pure heart can hear my melody."

Jonas felt a mixture of excitement and awe. "What do you want from me?"

"Play for me, Jonas," said the Spirit. "Play the most beautiful melody you know."

Jonas took out his guitar and began to play. He played from his heart, and the sound filled the clearing with a warmth and beauty he had never experienced before. Suddenly, the tree began to glow, and from its trunk emerged a brilliant beam of light that lifted Jonas up.

He found himself in a world of light and music. Around him flew small, glowing beings that danced to his melody. One of them, which looked like a tiny fairy, flew closer and said, "You have discovered the Melody's Secret. Your music has the power to change the world."

Jonas was amazed. "How can I use this power?"

"Share your music," said the fairy. "Play for those who need hope, joy, and love. The music will guide you."

In a blink, Jonas was back in the clearing, but he felt changed. He knew he had received a gift – a gift that could bring light to the world. He returned to the village and began to play for people every day.

People gathered around him, and his music filled their hearts with joy. He played for the sick, the sad, and the lonely, and every time he played, people felt better. The rumors of Jonas' magical music spread, and people from far and wide came to hear him play.

One day, an old man came to the village. He had heard about Jonas and wanted to hear his music. The man had been sick for many years and had lost hope. Jonas played a calm and soothing melody, and the man felt a warmth spread through his body. To his surprise, he began to feel stronger, and his illness started to fade away.

"You have a gift, Jonas," said the man with tears in his eyes. "Thank you for sharing it with me."

Jonas smiled. "Music is meant to be shared. It has the power to heal and bring people together."

But Jonas always knew that the true power of the music did not lie in his hands but in the hearts of those who listened. He played from his own heart, and in every heartbeat lay a small part of the Melody that had changed everything.

Slangen som Lærte å Synge

I en magisk skog fylt med mystiske skapninger og eventyrlige trær, bodde en liten slange ved navn Sly. Sly var en uvanlig slange, for selv om han var stille og sky, hadde han alltid drømt om å synge. Hver kveld, når månen steg høyt på himmelen, rullet Sly seg sammen under et gammelt eiketre og lyttet til nattens musikk – uglenes hoing, froskenes kvakking og vindens hvisking gjennom løvet. Sly visste at han var annerledes, men han kunne ikke hjelpe for å drømme om å være en del av denne nattlige symfonien.

En natt, mens Sly lå og drømte under eiketreet, hørte han en myk stemme som sa, "Hvorfor er du så trist, lille slange?"

Sly tittet opp og så en liten lysende fe som svevde over ham. Feen smilte vennlig og spurte igjen, "Hvorfor er du så trist?"

"Jeg ønsker å synge," svarte Sly lavmælt, "men jeg er bare en slange, og slanger kan ikke synge."

Feen lo mildt. "Å, men hvem har sagt at slanger ikke kan synge? Du har en stemme inni deg, Sly. Du må bare finne den."

Sly var skeptisk, men også nysgjerrig. "Hvordan kan jeg finne stemmen min?"

"Følg meg," sa feen og svevde bortover skogstien. Sly fulgte etter, glidende mellom trærne med en blanding av frykt og håp. Feen førte ham til en skjult lysning der en gammel, klok ugle satt på en gren og stirret ned på dem.

"Ugle, kan du hjelpe Sly med å finne stemmen sin?" spurte feen.

Uglen nikket langsomt. "Selvfølgelig. Alt som lever, har en stemme. Vi må bare lytte nøye." Uglen lukket øynene og begynte å nynne en gammel, rolig melodi. Feen svevde rundt og lagde små, krystallklare toner som blandet seg med uglens nynnende.

Sly lyttet intenst, og langsomt begynte han å føle noe inni seg – en vibrasjon, en summende følelse. Han åpnet munnen og prøvde å lage en lyd, men det kom bare en lav, hes hvisken.

"Prøv igjen," oppmuntret uglen. "Lytt til hjertet ditt."

Sly lukket øynene og fokuserte på følelsen inni seg. Han tenkte på vinden som suste gjennom skogen, elvens brusende vann, og stjernene som blinket over hodet hans. Plutselig, som om noe magisk hadde skjedd, begynte Sly å lage en tone – en myk, melodisk susende lyd som steg opp og blandet seg med nattens lyder.

Feen klappet i hendene. "Du klarte det, Sly! Du kan synge!"

Sly kunne nesten ikke tro det. "Er dette virkelig min stemme?"

"Ja," sa uglen vennlig. "Det er din unike sang. Bruk den med stolthet og glede."

Sly var fylt med en følelse av triumf og lykke. Han hadde funnet stemmen sin! Han begynte å synge mer, og snart fylte sangen hans hele skogen. Andre dyr kom for å lytte til den vakre, uvanlige melodien som kom fra den lille slangen.

Natten etter, og hver natt deretter, rullet Sly seg sammen under det gamle eiketreet og sang sin melodi. Hans sang ble et symbol på håp og mot, og andre dyr som hadde følt seg usynlige eller annerledes, kom for å høre og lære av Sly.

En dag kom en ung hare til ham, med store, triste øyne. "Sly, jeg er så redd for å snakke foran andre. Hvordan kan jeg finne min stemme?"

Sly smilte mildt. "Hare, vi har alle en stemme. Det tar tid å finne den, men når du lytter til hjertet ditt og er tålmodig, vil den komme fram. La oss prøve sammen."

Sammen satt de to under eiketreet, og Sly sang sin rolige melodi mens haren lyttet nøye. Etter en stund begynte haren å lage små, forsiktige lyder, og med Slys oppmuntring vokste lydene til en vakker, klar stemme.

Haren var overveldet av glede. "Takk, Sly! Jeg visste ikke at jeg kunne gjøre dette."

"Alle kan finne sin stemme," sa Sly. "Det viktigste er å tro på seg selv og aldri gi opp."

Sly visste at selv om han bare var en liten slange, kunne han gjøre en stor forskjell. Han fortsatte å synge hver natt, og hans sang fylte skogen med en følelse av fred og enhet. Og hver gang noen tvilte på seg selv, minnet de seg på den lille slangen som lærte å synge, og de fant styrken til å lete etter sin egen stemme.

The Snake Who Learned to Sing

In a magical forest filled with mystical creatures and enchanted trees, there lived a little snake named Sly. Sly was an unusual snake because, although he was quiet and shy, he had always dreamed of singing. Every night, when the moon rose high in the sky, Sly would coil up under an old oak tree and listen to the night's music – the hooting of owls, the croaking of frogs, and the whispering of the wind through the leaves. Sly knew he was different, but he couldn't help dreaming of being part of this nocturnal symphony.

One night, as Sly lay dreaming under the oak tree, he heard a soft voice say, "Why are you so sad, little snake?"

Sly looked up and saw a small, glowing fairy hovering above him. The fairy smiled kindly and asked again, "Why are you so sad?"

"I wish to sing," Sly replied softly, "but I am just a snake, and snakes cannot sing."

The fairy laughed gently. "Oh, but who says snakes cannot sing? You have a voice inside you, Sly. You just have to find it."

Sly was skeptical but also curious. "How can I find my voice?"

"Follow me," said the fairy and floated down the forest path. Sly slithered after her, gliding between the trees with a mix of fear and hope. The fairy led him to a hidden clearing where an old, wise owl sat on a branch, looking down at them.

"Owl, can you help Sly find his voice?" asked the fairy.

The owl nodded slowly. "Of course. Everything that lives has a voice. We just need to listen closely." The owl closed her eyes and began to hum an old, soothing melody. The fairy floated around, making small, crystalline tones that blended with the owl's humming.

Sly listened intently, and slowly he began to feel something inside him – a vibration, a humming sensation. He opened his mouth and tried to make a sound, but only a low, raspy whisper came out.

"Try again," encouraged the owl. "Listen to your heart."

Sly closed his eyes and focused on the feeling inside him. He thought of the wind rushing through the forest, the river's roaring water, and the stars twinkling above his head. Suddenly, as if something magical had happened, Sly began to make a tone – a soft, melodious hissing sound that rose up and mingled with the night's sounds.

The fairy clapped her hands. "You did it, Sly! You can sing!"

Sly could hardly believe it. "Is this really my voice?"

"Yes," said the owl kindly. "It is your unique song. Use it with pride and joy."

Sly was filled with a sense of triumph and happiness. He had found his voice! He began to sing more, and soon his song filled the entire forest. Other animals came to listen to the beautiful, unusual melody that came from the little snake.

The next night, and every night thereafter, Sly coiled up under the old oak tree and sang his melody. His song became a symbol of hope and courage, and other animals who had felt invisible or different came to hear and learn from Sly.

One day, a young hare came to him, with big, sad eyes. "Sly, I am so afraid to speak in front of others. How can I find my voice?"

Sly smiled gently. "Hare, we all have a voice. It takes time to find it, but when you listen to your heart and are patient, it will come forth. Let's try together."

Together, the two sat under the oak tree, and Sly sang his soothing melody while the hare listened carefully. After a while, the hare began to make small, tentative sounds, and with Sly's encouragement, the sounds grew into a beautiful, clear voice.

The hare was overwhelmed with joy. "Thank you, Sly! I didn't know I could do this."

"Everyone can find their voice," said Sly. "The most important thing is to believe in yourself and never give up."

Sly knew that even though he was just a little snake, he could make a big difference. He continued to sing every night, and his song filled the forest with a sense of peace and unity. And whenever anyone doubted themselves, they reminded themselves of the little snake who learned to sing, and they found the strength to seek out their own voice.

Bjørnen som Lærte å Fly

I en dyp, frodig skog fylt med høye trær og bølgende bekker, bodde en stor, kraftig bjørn ved navn Bjørnulf. Bjørnulf var en vennlig bjørn med en lidenskap for eventyr og en stor drøm. Han hadde alltid ønsket å fly. Han så opp på de majestetiske ørnene som svevde høyt over himmelen, og lengtet etter å være en del av deres frihet.

Hver dag, etter at han hadde spist frokost og tatt en liten tur rundt skogen, satt han på en høy bakke og så på ørnene som fløy over hodet hans. Han beundret hvordan de fløy med letthet, og han drømte om å sveve gjennom luften slik som dem.

En dag, mens han lå på bakken og så opp mot skyene, hørte han en mild stemme. "Hvorfor ser du så trist ut, Bjørnulf?"

Bjørnulf så opp og så en liten, grå ugle som satt på en lav gren rett over ham. Uglen hadde store, kloke øyne og en vennlig smil.

"Jeg ønsker så gjerne å fly," svarte Bjørnulf. "Men jeg er bare en bjørn, og bjørner kan ikke fly."

Uglen tenkte seg om et øyeblikk og svarte så, "Selv om bjørner ikke kan fly slik som ørnene, kan det hende det finnes en annen måte å oppleve den friheten du drømmer om. La oss finne ut av det sammen."

Bjørnulf nikket, litt håpefull, og uglen begynte å fortelle ham om en magisk blomst som vokste på toppen av den høyeste fjelltoppen i skogen. "Denne blomsten er kjent for å oppfylle en dyp, innerste ønsket hos dem som er modige nok til å søke den."

Bjørnulf visste at det ville bli en utfordring å bestige fjellet, men med nyvunnet håp begynte han å forberede seg til reisen. Han pakket en liten ryggsekk med mat og vann, og la av sted tidlig neste morgen.

Fjellturen var lang og krevende. Bjørnulf klatret over bratte skrenter, krysset dype elver og navigerte gjennom tett skog. Selv om han ble sliten, tenkte han på den magiske blomsten og motiverte seg selv til å fortsette.

Underveis møtte han mange vennlige skapninger som hjalp ham på veien. En vis krokodille ved elven delte sine råd om hvordan man navigerer i strømmene, og en vennlig hjort ledet ham gjennom den tette skogen. Alle var villige til å hjelpe, for de visste at Bjørnulf var på et viktig oppdrag.

Da Bjørnulf endelig nådde toppen av fjellet, var han utmattet men opprømt. Han så seg rundt, og på en liten, skjult plass fant han den magiske blomsten. Den hadde strålende, lysende kronblader i alle regnbuens farger som skimret i sollyset.

Bjørnulf nærmet seg forsiktig og berørte blomsten med en stor, klumpete pote. Øyeblikkelig ble et varmt lys omfavnet ham, og han følte en bølge av kraft og frihet strømme gjennom kroppen sin. I et øyeblikk så han seg selv sveve høyt over fjellet, akkurat som ørnene han hadde beundret.

Da lyset forsvant, oppdaget Bjørnulf at han ikke kunne fly som en ørn, men han hadde fått en ny forståelse av frihet. Han hadde oppdaget at frihet ikke nødvendigvis betyr å sveve gjennom luften, men å oppleve den styrken og motet som bor inni deg selv.

Bjørnulf begynte å gå ned fra fjellet med en nyvunnet selvtillit. Han visste at han ikke kunne fly, men han følte seg friere enn noen gang før. Han hadde bestått en utfordring, og oppdaget at ekte frihet kommer fra å følge drømmene sine og tro på seg selv.

Og selv om han ikke kunne fly som ørnene, var Bjørnulf nå kjent som den modige bjørnen som søkte friheten. Han visste at hans eventyr var langt fra over, og han var alltid klar for nye utfordringer som kunne hjelpe ham med å vokse og lære mer.

Hver gang han så opp mot himmelen og så ørnene fly, smilte han med en dyp forståelse av at frihet var noe han allerede hadde oppnådd – ikke gjennom å fly, men gjennom sin egen styrke og mot.

The Bear Who Learned to Fly

In a deep, lush forest filled with tall trees and babbling brooks, lived a large, strong bear named Bjørnulf. Bjørnulf was a kind bear with a passion for adventure and a big dream. He had always wanted to fly. He looked up at the majestic eagles soaring high in the sky and longed to be part of their freedom.

Every day, after breakfast and a small stroll around the forest, he would sit on a high hill and watch the eagles fly overhead. He admired how they flew with ease and dreamed of soaring through the air just like them.

One day, while lying on the ground and gazing at the clouds, he heard a gentle voice. "Why do you look so sad, Bjørnulf?"

Bjørnulf looked up and saw a small, gray owl perched on a low branch right above him. The owl had large, wise eyes and a friendly smile.

"I so wish to fly," Bjørnulf replied. "But I am just a bear, and bears cannot fly."

The owl thought for a moment and then said, "Even though bears cannot fly like eagles, there may be another way for you to experience the freedom you dream of. Let us find out together."

Bjørnulf nodded, a little hopeful, and the owl began to tell him about a magical flower that grew on the highest mountain peak in the forest. "This flower is known to fulfill a deep, innermost wish for those who are brave enough to seek it."

Bjørnulf knew it would be a challenge to climb the mountain, but with newfound hope, he began preparing for the journey. He packed a small backpack with food and water and set off early the next morning.

The mountain climb was long and demanding. Bjørnulf climbed over steep slopes, crossed deep rivers, and navigated through dense forests. Although he grew tired, he thought of the magical flower and motivated himself to keep going.

Along the way, he met many friendly creatures who helped him on his path. A wise crocodile by the river shared advice on how to navigate the currents, and a kind deer guided him through the thick forest. Everyone was willing to help because they knew Bjørnulf was on an important quest.

When Bjørnulf finally reached the mountain top, he was exhausted but exhilarated. He looked around and found the magical flower in a small, hidden spot. It had radiant, shimmering petals in all the colors of the rainbow that sparkled in the sunlight.

Bjørnulf approached carefully and touched the flower with a large, clumsy paw. Instantly, a warm light enveloped him, and he felt a wave of power and freedom flow through his body. For a moment, he saw himself soaring high above the mountain, just like the eagles he had admired.

When the light faded, Bjørnulf discovered that he could not fly like an eagle, but he had gained a new understanding of freedom. He realized that freedom does not necessarily mean soaring through the air but experiencing the strength and courage that reside within oneself.

Bjørnulf began his descent from the mountain with newfound confidence. He knew he could not fly, but he felt freer than ever before. He had faced a challenge and discovered that true freedom comes from pursuing one's dreams and believing in oneself.

And even though he could not fly like the eagles, Bjørnulf was now known as the brave bear who sought freedom. He knew his adventure was far from over, and he was always ready for new challenges that could help him grow and learn more.

Every time he looked up at the sky and saw the eagles flying, he smiled with a deep understanding that freedom was something he had already achieved – not through flight but through his own strength and courage.

Lykkens Hjerte

I en liten landsby ved kanten av en glitrende innsjø bodde det en liten jente ved navn Elise. Elise var kjent for sitt lyse smil og sitt varme hjerte. Hun elsket å tilbringe tid ved innsjøen, hvor hun ofte så på solnedgangen og samlet vakre steiner og skjell. Men en dag, mens hun gikk langs innsjøkanten, fant hun noe som forandret livet hennes.

Det var en vakker, liten boks delvis begravet i sanden. Boksen var dekket av mystiske symboler og hadde en krystallklar stein på toppen. Elise ble nysgjerrig og bestemte seg for å ta boksen med seg hjem. Hun var spent på hva som kunne være inni den.

Da hun åpnet boksen, ble hun møtt av en lysende glød og en myk, varm stemme som sa, "Kjære Elise, jeg er Lykkens Hjerte. Jeg har blitt sendt til deg for å hjelpe deg med å forstå hva ekte lykke er."

Elise så på boksen med store, undrende øyne. "Hva er ekte lykke?" spurte hun.

Lykkens Hjerte svarte, "Ekte lykke finnes ikke bare i store ting. Den ligger ofte i de små øyeblikkene vi deler med andre, i vår evne til å være takknemlige og i vår vilje til å spre kjærlighet."

Elise var ivrig etter å lære mer. "Hvordan kan jeg finne ekte lykke?"

Lykkens Hjerte begynte å fortelle henne en historie. "For lenge siden, i en vakker dal, bodde det en ung jente som het Aina. Aina elsket å hjelpe andre, men hun var alltid trist fordi hun følte at hun aldri kunne gjøre en forskjell. En dag fant hun en magisk bok som kunne oppfylle ønsker, men bare hvis hun brukte den til å hjelpe andre."

Elise lyttet nøye mens Lykkens Hjerte fortsatte, "Aina begynte å bruke boken til å hjelpe de rundt seg. Hun ga mat til de sultne, ga klær til de som frøs, og tilbrakte tid med de ensomme. Hun oppdaget snart at hver gang hun hjalp noen, ble hun selv fylt med en dyp følelse av glede."

Elise ble rørt over historien. "Så ekte lykke handler om å hjelpe andre?"

"Ja," svarte Lykkens Hjerte, "men det handler også om å sette pris på de små øyeblikkene i livet. Det kan være å nyte en vakker solnedgang, le sammen med venner, eller bare føle takknemlighet for hva man har."

Elise begynte å forstå. Hun bestemte seg for å prøve å finne lykken på egenhånd. Hun begynte med å hjelpe naboene sine. Hun bakte brød til den gamle mannen som bodde alene, plukket blomster til den syke kvinnen i huset ved siden av, og lekte med barna i landsbyen.

Hver gang hun gjorde noe godt for andre, følte hun en varme spre seg i hjertet sitt. Hun la merke til at hun begynte å smile mer, og at hun var gladere. Elise fant også glede i de små tingene – som å gå barfot på gresset, høre fuglene synge, og se stjernene lyse opp nattehimmelen.

En dag, mens hun satt ved innsjøen og så på solnedgangen, følte Elise en dyp følelse av lykke og fred. Hun innså at lykken hun hadde søkt etter, alltid hadde vært der – i de enkle, små øyeblikkene og i kjærligheten hun delte med andre.

Lykkens Hjerte kom tilbake for å snakke med Elise. "Du har lært mye, Elise. Du har oppdaget at ekte lykke er i de små øyeblikkene og i hvordan du behandler andre."

Elise nikket, og med et smil sa hun, "Takk, Lykkens Hjerte. Jeg føler meg lykkelig nå fordi jeg vet at lykke ikke er noe jeg trenger å søke etter. Den er allerede en del av livet mitt."

Lykkens Hjerte skinte et varmt lys og sa, "Husk, Elise, lykke er som en flamme. Jo mer du gir den, jo mer vokser den. Spre kjærlighet og vennlighet, og lykken vil alltid være med deg."

Elise så på Lykkens Hjerte for siste gang før boksen lukket seg med et lite klikk. Hun visste at hun hadde lært en verdifull lekse. Fra den dagen av fortsatte Elise å spre glede og kjærlighet, og hun fant lykken i hver enkel handling av godhet hun gjorde.

Hennes smil ble lysere, og hjertet hennes var fylt med en dyp følelse av tilfredshet. Elise visste at lykke ikke kom fra store, storslåtte ting, men fra de små øyeblikkene av kjærlighet og vennlighet som hun delte med andre.

Og hver kveld, når hun satt ved innsjøen og så på solnedgangen, følte hun seg fylt med en stille glede som kom fra å vite at hun hadde funnet ekte lykke i sitt eget liv.

The Heart of Happiness

In a small village by the edge of a sparkling lake lived a little girl named Elise. Elise was known for her bright smile and warm heart. She loved spending time by the lake, where she often watched the sunset and collected beautiful stones and shells. But one day, as she walked along the lake's edge, she found something that changed her life.

It was a beautiful, small box partly buried in the sand. The box was covered with mysterious symbols and had a crystal-clear stone on top. Elise was curious and decided to take the box home. She was excited to find out what was inside.

When she opened the box, she was greeted by a glowing light and a soft, warm voice that said, "Dear Elise, I am the Heart of Happiness. I have been sent to help you understand what true happiness is."

Elise looked at the box with wide, wondering eyes. "What is true happiness?" she asked.

The Heart of Happiness replied, "True happiness is not only found in big things. It often lies in the small moments we share with others, in our ability to be grateful, and in our willingness to spread love."

Elise was eager to learn more. "How can I find true happiness?"

The Heart of Happiness began to tell her a story. "Long ago, in a beautiful valley, there lived a young girl named Aina. Aina loved to help others, but she was always sad because she felt she could never make a difference. One day, she found a magical book that could grant wishes, but only if she used it to help others."

Elise listened attentively as the Heart of Happiness continued, "Aina started using the book to help those around her. She gave food to the hungry, clothes to those who were cold, and spent time with the lonely. She soon discovered that every time she helped someone, she was filled with a deep sense of joy."

Elise was touched by the story. "So, true happiness is about helping others?"

"Yes," replied the Heart of Happiness, "but it is also about appreciating the small moments in life. It can be enjoying a beautiful sunset, laughing with friends, or simply feeling grateful for what you have."

Elise began to understand. She decided to try finding happiness on her own. She started by helping her neighbors. She baked bread for the old man who lived alone, picked flowers for the sick woman next door, and played with the village children.

Every time she did something kind for others, she felt a warmth spreading in her heart. She noticed she began to smile more and felt happier. Elise also found joy in the small things – like walking barefoot on the grass, hearing the birds sing, and watching the stars light up the night sky.

One day, as she sat by the lake watching the sunset, Elise felt a deep sense of happiness and peace. She realized that the happiness she had been seeking had always been there – in the simple, small moments and in the love she shared with others.

The Heart of Happiness returned to speak with Elise. "You have learned much, Elise. You have discovered that true happiness is in the small moments and in how you treat others."

Elise nodded, and with a smile said, "Thank you, Heart of Happiness. I feel happy now because I know that happiness is not something I need to search for. It is already a part of my life."

The Heart of Happiness shone a warm light and said, "Remember, Elise, happiness is like a flame. The more you give it, the more it grows. Spread love and kindness, and happiness will always be with you."

Elise looked at the Heart of Happiness one last time before the box closed with a soft click. She knew she had learned a valuable lesson. From that day on, Elise continued to spread joy and love, finding happiness in every simple act of kindness she performed.

Her smile grew brighter, and her heart was filled with a deep sense of contentment. Elise knew that happiness did not come from grand, spectacular things, but from the small moments of love and kindness she shared with others.

And every evening, as she sat by the lake and watched the sunset, she felt a quiet joy from knowing that she had found true happiness in her own life.